体がすべて楽器です！

ザ・ボディパーカッション ケチャ風お茶づけ

山田俊之 著

音楽之友社

体がすべて楽器です！
ザ・ボディパーカッション
ケチャ風お茶づけ
目次

ボディパーカッション指導のポイント

指導の際には、次のような点を心掛けるようにしました。

＜言語的なもの＞

●発問…できるだけ分かりやすい言葉で問いかける。

●指示…具体的に体を使ってお手本を見せる（リズム打ち）。

●説明…言葉の説明は少なく、体や感覚（五感）で理解する。

＜非言語的なもの＞

●態度…子どもと同じ感覚と目線で授業をする。

●動作…リラックスして心も体も自然体を心掛ける。

●表情…できるだけ受容的態度や笑顔を心掛ける。

はじめに

このたび、本書『体がすべて楽器です！ ザ・ボディパーカッション ケチャ風お茶づけ』は、姉妹編の『同 ほかほかパン屋さん』とともに同時出版させていただきました。2冊に掲載した作品は、2005年4月号から月刊『教育音楽 小学版』（音楽之友社）に連載執筆している「山ちゃんの楽しいリズムスクール」から選曲したものです。

連載では小学校の低学年から高学年、また特別支援が必要な子ども達も一緒に楽しめる教材として紹介しています。それらの作品を「歌や楽器に合わせたボディパーカッション」・「手拍子／足踏み・アンサンブル」・「ボイス・アンサンブル」・「ボディパーカッション・アンサンブル」に分類して掲載しました。

この本のタイトルである《ケチャ風お茶づけ》は、20年以上前に作曲したボイス・アンサンブル作品です。私は学生時代から民族音楽に大変興味を持っていて、インドネシアの「ケチャ」をなんとか授業に取り入れられないかと考え作った教材の中の1曲です。「ケチャ」からヒントを得て作曲したものは、ほかに《手拍子の花束》《花火》などがあります。曲名は「ケチャ」だから「お茶」でいこうと単純に考え付けましたが、当時6年生の子ども達と一緒に楽しく授業ができたと記憶しています。読者の皆さんも子ども達と一緒にぜひ楽しんでトライしてみてください。きっと盛り上がりますよ！

私が行ってきたボディパーカッション活動は予想以上に子ども達が喜び、身体を使って表現することの楽しさに夢中になってくれました。子ども達と共に実践を重ね教材も進化発展をしてきました。ボディパーカッションは、誰もが、どこでも楽しめる音楽であり、さらには音楽を超えて、人と人とをつなぐコミュニケーションの道具としての役割を果たしていると確信しています。私と一緒に実践してくれた多くの子ども達に感謝し、これからもボディパーカッションを大切にして、さらなる可能性を探っていきたいと考えています。

内容はできるだけ分かりやすく説明をしたつもりですが未熟な点が多いことを、どうぞお許しください。この教材集を通して、子ども達の仲間意識を育て、自己表現能力が高まりコミュニケーション能力が育つことを願っています。

2007年7月　山田俊之

Part 1

歌や楽器に合わせたボディパーカッション

さんぽ

歌に合わせて、手拍子のアンサンブルを行います。《さんぽ》などのように、子ども達がよく知っている歌を歌う時は、大変リズミカルに歌うことができます。楽譜のように、手拍子でリズムアンサンブルを行うと、子ども達の歌に勢いが出てより意欲的になるようです。

手拍子のリズム伴奏に合わせて歌うことも新鮮ですのでお楽しみください。1年生から手軽にできるリズムパターンなので、授業や集会ですぐに活用できると思います。

演奏の仕方と留意点

2パートに分かれて、手拍子をしながら歌う練習をしましょう。

1 1段目・2段目は、2パートとも、落ち着いた感じで、[1]のリズムパターンを打ちます。

2 3段目・4段目は、[2]のリズムパターンを打ちます。

3 5段目は、1パートだけ、はじめの[1]のリズムパターンに変わります。

指導のポイント

3パート（歌・手拍子①・手拍子②）に分かれて行うこともできますが、全員が2パートに分かれて、手拍子を打ちながら歌うこともできます。私の場合は歌が苦手な子ども達に手拍子パートを担当してもらうケースもありました。どうぞクラスや子ども達の実情に応じて、パート分けを行ってください。

さんぽ

中川李枝子 作詞
久石　譲 作曲
山田俊之 編曲

1
♩=116ぐらい
歌
手拍子①
手拍子②
1.〜3. あるこう あるこう わたしはげんき
あるくのーだいすき どんどんゆこう
1.さかみちー トンネルー くさーっぱら
2.みつばちー ぶんぶんー はなばたけ
3.きつねもー たぬきもー でておいで
2
いーっぽんばしにー でこぼこじゃりみち
ひなたにとかげー へびはひ（𝄽）る（𝄽）ね
たんけんしようー はやしのおくまで
くものすくぐってー くだりみち
ばーったがとんでー まがりみち
ともだちたくさんー うれしいな

あんたがたどこさ・パート2

椅子に座ったままできるボディパーカッションです。簡単にできますので、児童集会や学年レクリエーション、また高齢者との交流学習（高齢者福祉をテーマにした総合的な学習）などでご活用ください。

3パートすべてのリズムが変化していきますので、子ども達は意欲的にチャレンジできると思います。

★『楽しいボディパーカッション①リズムで遊ぼう』(p.46) に《あんたがたどこさ》の立って行うバージョンを掲載しています。指チップのところが少し難しくなっていますが、ぜひ挑戦してみてください。

演奏の仕方と留意点

この曲は、3種類（[A]、[B]、[C]）のリズム打ちパターンで行います。

1 [A] は、2拍子系のリズム（8分の6拍子）で、「ひざ」「手」。

2 [B] は、3拍子系のリズム（8分の9拍子）で「ひざ」「手」「手」。

3 [C] は、「ひざ」「おなか」「手」「おでこ」。

指導のポイント

・最初は、楽譜に示された [A]、[B]、[C] のマークを見ながら演奏するよう指導してください。

・ボディパーカッションは、イラストを参考にして行ってください。（ボディパーカッションでやってみましょう→ p.18）

・「おでこ打ち」は、あくまでも「軽く両方の手のひらをおでこに当てる」程度にしてください。（イラスト→ p.11）

春がきた

《春がきた》は簡単なメロディーなので、低学年では鍵盤ハーモニカ、中学年ではリコーダーで演奏できると思います。曲に合わせて、様々なリズムのボディパーカッションに挑戦して楽しんでください。

演奏の仕方と留意点

全体を4パートに分けてください。1つはメロディーパートで、他の①②③パートがボディパーカッションです。

1 メロディーは歌や、鍵盤ハーモニカ、リコーダーで演奏してください。
2 はじめは、ロック風A、ロック風B、ボサノバ風、和太鼓風と、リズムパターン別に練習してください。
3 ロック風AとBは、足踏みのリズムが違うだけなので、簡単にできると思います。
4 ボサノバ風は、ひざ打ちと足踏みがロック風Aと同じですが、手拍子パートが難しいので何度も練習してみてください。
5 和太鼓風のかけ声「ヨッ!」は、元気よく入れてください。
6 各リズムパターンができるようになったら、メロディーに合わせて行ってください。

指導のポイント

・全体に明るく元気よく演奏しましょう。
・ひざ打ちのリズムは、歯切れよく演奏してみましょう。
・うまくできない子ども達がいる場合は、パートを変えたりして指導をお願いいたします。

あんたがたどこさ・パート2

わらべうた
山田俊之　編曲

♩.=104ぐらい
あん た が た ど こ さ ひ ご さ ひ ご ど こ さ
A
B
ひざ 手 ひざ 手 ひざ 手 ひざ 手 手
5
く ま も と さ く ま も と ど こ さ せん ば さ
A
ひざ 手 手 ひざ 手 ひざ 手 ひざ 手
9
せ ん ば や ま に は た ぬ き が おっ て さ
C
ひざ おなか 手 おでこ ひざ おなか 手 おでこ
13
そ れ を りょ う し が て っ ぽう で うっ て さ
ひざ おなか 手 おでこ ひざ おなか 手 おでこ

(ひざ)…両手でひざ打ち　(手)…手拍子　(おなか)…両手でおなかを軽く叩く　(おでこ)…両手を軽くおでこに当てる

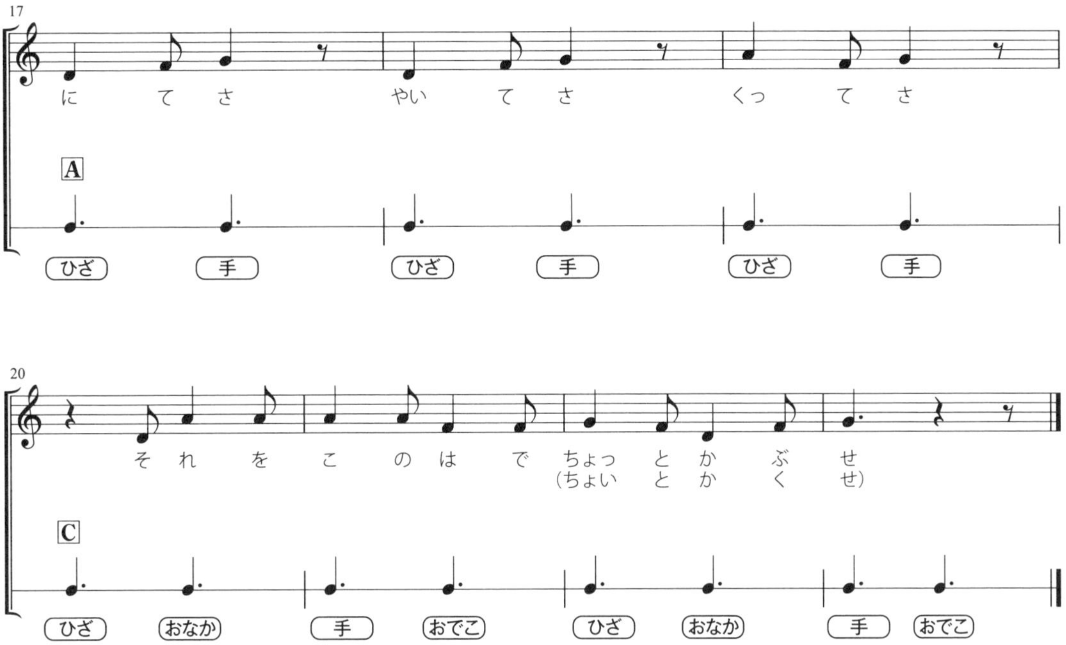
17
に て さ やい て さ くっ て さ
A
ひざ 手 ひざ 手 ひざ 手
20
そ れ を こ の は で ちょっ と か ぶ せ
（ちょい と か く せ）
C
ひざ おなか 手 おでこ ひざ おなか 手 おでこ

春がきた

ロック風A

文部省唱歌
高野辰之　作詞
岡野貞一　作曲
山田俊之　編曲

♩=116~120
mf
鍵ハ
リコーダー
歌など
1. はるがきた　はるがきた　どこにきた
2. はながさく　はながさく　どこにさく
3. とりがなく　とりがなく　どこでなく
ひざ打ち
①
R L R L R L R L　R L R L R L R L　R L R L R L R L　R L R L R L R L
手拍子
②
足踏み
③

やまにきた　さとにきた　のにもきた
やまにさく　さとにさく　のにもさく
やまでなく　さとでなく　のでもなく
R L R L R L R L　R L R L R L R L　R L R L R L R L　R L R L R L R L

春がきた

ロック風B

文部省唱歌
高野辰之 作詞
岡野貞一 作曲
山田俊之 編曲

♩=116~120
mf
鍵ハ
リコーダー
歌など
1. は るがき た は るがき た ど こ に き た
2. は ながさ く は ながさ く ど こ に さ く
3. と りがな く と りがな く ど こ で な く
ひざ打ち
①
R L R L R L R L R L R L R L R L R L R L R L R L R L R L R L R L
手拍子
②
足踏み
③

や まにき た さ とにき た の に も き た
や まにさ く さ とにさ く の に も さ く
や までな く さ とでな く の で も な く
R L R L R L R L R L R L R L R L R L R L R L R L R L R L R L R L

春がきた

ボサノバ風

文部省唱歌
高野辰之 作詞
岡野貞一 作曲
山田俊之 編曲

♩=116~120
mf
鍵ハ
リコーダー
歌など
1. は るが き た は るが き た ど こ に き た
2. は なが さ く は なが さ く ど こ に さ く
3. と りが な く と りが な く ど こ で な く
ひざ打ち
①
R L R L R L R L R L R L R L R L R L R L R L R L R L R L R L R L
手拍子
②
足踏み
③
や まに き た さ とに き た の に も き た
や まに さ く さ とに さ く の に も さ く
や まで な く さ とで な く の で も な く
R L R L R L R L R L R L R L R L R L R L R L R L R L R L R L R L

春がきた

和太鼓風

文部省唱歌
高野辰之　作詞
岡野貞一　作曲
山田俊之　編曲

♩=116~120
mf
鍵ハ
リコーダー
歌など
1. はるがきた　はるがきた　どこにきた
2. はながさく　はながさく　どこにさく
3. とりがなく　とりがなく　どこでなく
ひざ打ち
①
ヨッ!
ヨッ!
手拍子
②
ヨッ!
ヨッ!
足踏み
③
ヨッ!
ヨッ!

やまにきた　さとにきた　のにもきた
やまにさく　さとにさく　のにもさく
やまでなく　さとでなく　のでもなく
ヨッ!
ヨッ!
ヨッ!
ヨッ!
ヨッ!
ヨッ!

聖者の行進

歌に合わせて、2パート（①ひざ打ち、②手拍子＋足踏み）のボディパーカッションを行います。クラスで行う時は、全体の半数を歌に、あとの半数をボディパーカッション①、②に分けるとよいでしょう。音量のバランスはクラスの状況に応じて変えてください。

演奏の仕方と留意点

1 ①パートのひざ打ちで、右手と左手を同時に打つところは、慣れるまで練習してください。

2 ②パートの、手拍子と足踏みを交互に打つところは、最初は難しく感じますが、ゆっくり何度かくり返して練習してください。子ども達は以外に早く習得できます。

3 一番最後の2小節は①、②パートが全員で同じリズムを手拍子で打ちますが、「エイ！」のかけ声まで、みんながある程度合うように練習してください。
最後のリズムとかけ声が合うことで、子ども達は一体感や達成感を味わうことができます。

指導のポイント

・ひざ打ち、手拍子、足踏みは、自信をもって、はっきり強く打ちましょう。

・テンポは、はじめは歩くような速さで、急ぎ過ぎないようにしましょう。

・歌を入れると、途中の手拍子や足踏みは大きく間違えないかぎりは目立ちませんので、そのまま指導を進めてください。

・仕上げの段階で、途中でリズムが少しくらいくずれてもあまり気にしないでください。この場合は打楽器の装飾音符として考えましょう。

聖者の行進

小林幹治　作詞
アメリカ民謡
山田俊之　編曲

♩=108ぐらい
歌
①ひざ打ち 右 左
② 手拍子 足踏み
※
1. きょうから みんなで うたをうた
がやってくる ぼくたちの
おうよ あさから ーばんまで ーよう
まちに みんなで むかえよう ーせい
きに うたおう
じゃを まち 2.せいじゃ に ー
1.
2.
手拍子
エイ！
手拍子
エイ！

※足踏みは、片足（できれば右足）で床を踏みならす。

ボディパーカッションでやってみましょう

手拍子

おなかを叩く

ひざを叩く

（ふとももものあたりを叩きます）

すねを叩く

胸を叩く

足踏み

おしりを叩く

両手を交差して肩を叩く

ジャンプする

※足踏みとジャンプ以外は、両手で叩く方法と左右交互に叩く方法があります。初めての人は、両手打ちからやってみましょう。

Part 2

手拍子／足踏み・アンサンブル

みんななかよしパンパンパン

この曲は手拍子２パートのアンサンブルです。低学年から中学年、さらに高学年まで十分に楽しめると思います。

曲は[A]－[B]－[C]－[D]－[E]（コーダ）の順で演奏しますが、[D]はアドリブ演奏（即興演奏）です。順を追って段階的に、スモール・ステップ・アップで練習してください。

演奏の仕方と留意点

２パートに分かれて、次のように、スモール・ステップ・アップで練習しましょう。テンポの目安は♩=130 ～ 140 で演奏してください。

1step　[A]を２回くり返して[E]に入る。
2step　[B]を２回くり返して[E]に入る。
3step　[A]－[B]と続けて演奏してから[E]に入る。
4step　[C]を２回くり返して[E]に入る。
5step　[A]－[B]－[C]と続けて演奏してから[E]に入る。
6step　[D]を２回くり返して[E]に入る。
名人編　いよいよ全曲演奏《みんななかよしパンパンパン》の完成です。

アドリブ演奏について

・[D]では、アドリブ演奏（即興演奏）を行います。アドリブは手拍子を使って１小節間行います。
・アドリブを行う時のポイントは伴奏です。例えば、①パートがアドリブⓐパターンを演奏している時は、②パートの４分音符の４回はできるだけ正確に打たせてください。そうすることで、①パートのアドリブが自由に演奏できます。
・同様に、②パートがアドリブⓑパターンを行う時は、①パートの４分音符４回をできるだけ正確に打たせてください。
・アドリブはリズムを正確に打つことより、リズムの流れに乗った楽しい演奏を心がけてください。

指導のポイント

・手拍子の場合、低学年はリズムに乗ってくるとだんだんテンポが速くなってきます。あまり気にしないで演奏を続けるようにしてください。
・高学年になるほどテンポが落ち着いてきますので、その時は正しいテンポを表示してください。しかし、メトロノームなどに頼り過ぎないようにしてください。

みんななかよしパンパンパン

1 Step（初級編） Aを2回くり返してEに入りましょう。

山田俊之　作曲

2 Step（初級編） Bを2回くり返してEに入りましょう。

山田俊之　作曲

3 Step（中級編）

山田俊之　作曲

4 Step（中級編）　Cを2回くり返してEに入りましょう。

山田俊之　作曲

5 Step （上級編）

山田俊之　作曲

6 Step（上級編）　アドリブ（即興演奏）が入りますのでがんばってください。

山田俊之　作曲

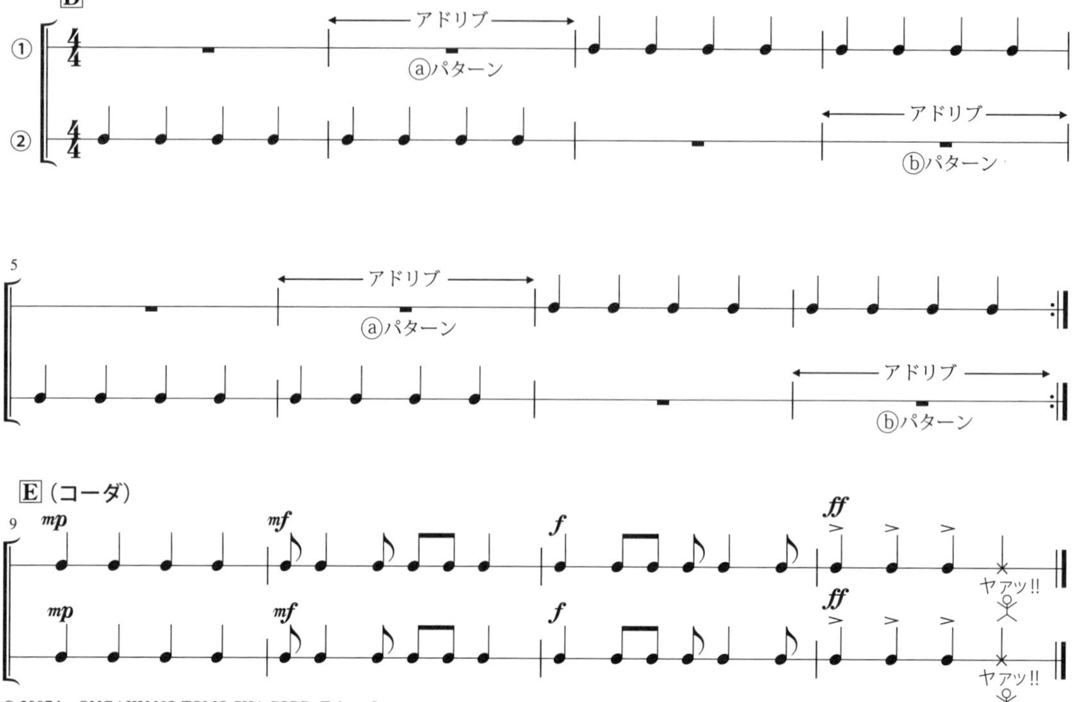

名人編

山田俊之　作曲

13
C
17
21
D
25
アドリブ
ⓐパターン
アドリブ
ⓑパターン
29
アドリブ
ⓐパターン
アドリブ
ⓑパターン
E（コーダ）
33
mp
mf
f
ff
ヤアッ!!
mp
mf
f
ff
ヤアッ!!

和太鼓・足踏みドンドコドン

この曲は、すべて足踏みだけで行います。そして、2つのパートが交互に主のリズムを演奏します。一方のパートが主のリズムの時には、もう一方のパートは地打ち（じうち）という伴奏の役割をします。

足踏みだけで演奏しますので、人数が多くなればなるほど迫力が出てきます。学年の出し物や、全校集会などで行えばびっくりするようなアンサンブルができあがるでしょう。もちろん、和太鼓で演奏してもまったく問題はありません。

演奏の仕方と留意点

全体を2パートに分けてください。

1 楽譜内の、強弱記号、クレシェンド、アクセントを強調して演奏してください。
2 E は、3小節のクレシェンドになります。

指導のポイント

・最初から足踏みではなく、リズムを覚えるまでは、机の上を両手で打つ練習から始めてください。
・両手で打てるようになったら、足踏みで練習してください。足踏みは、かかとを強く打ちすぎないように指導してください。
・足を痛めないように、1回の練習を30分以内にしてください。

ホップ・ステップ・ジャンプ

この曲は、まったく楽譜が読めなかった子ども達に、少しでも音符の意味を理解してもらうために行った「リズムスクール」の発展教材として使用しました。この曲を使って、4分音符（♩）、4分休符（𝄽）、8分音符（♪）、2分音符（𝅗𝅥）の違いを感覚的に教えてあげてください。2分音符の場合は、手拍子を打った後に、音符の長さ分だけ大きく手を広げるよう指導してください。そうすれば、4分音符の長さとの違いを体験できると思います。

★リズムパターンは『ボディパーカッション入門』から「山ちゃんの楽しいリズムスクール No1 から No3」（p.72～73）を使用しています。

演奏の仕方と留意点

全員を2パート（Ⓐ・Ⓑ）そして、3パート（①・②・③）に分けてください。

[A] 全員（手拍子）－ [B] 2パート（手拍子）－ [C] 3パート（手拍子）－ [D] 全員（ボディパーカッション）の順で演奏します。

1 [A] は、全員で演奏します。

2 [B] は、2パートに分かれて演奏します。Ⓑは、裏打ち（アフタービート）が中心になりますので、このリズムがやや苦手な子どもがいた場合は、Ⓐ担当になるよう配慮をお願いします。

3 [C] は、3パートに分かれて演奏します。この時も②は裏打ちなので、配慮をお願いします。

4 最後の [D] はまた全員で演奏しますが、終わりの4小節はクレシェンドして全員で盛り上げてください。

指導のポイント

・最初の3段はみんなで同じリズムを打ちますが、少しずれる子どもがいても気にせずに演奏させてください。

・4段目からⒶ,Ⓑの2パートに分かれますが、Ⓑパートが裏打ち（アフター ビート）になります。Ⓑパートがうまくできない子どもは、最初はⒶパートの担当にしてできるだけ自信をつけさせる配慮をしてください。

・3パートに分かれる [C] の部分は、②パートが裏打ち（アフタービート）になりますので、裏打ちがうまくできない子どもに配慮をお願いいたします。

・最後の [D] の部分は、全員で元気よく、リズムと気持ちを合わせて取り組んでください。

和太鼓・足踏みドンドコドン

山田俊之　作曲

C (A と同じ)
p f p f
21
D
25
R L R R L R R R L R R L R L R R R L R
29
R L R R L R R R L R R L R L R R R L R
E
pp ff
33
R R L R ヤッ!!

ホップ・ステップ・ジャンプ

山田俊之　作曲

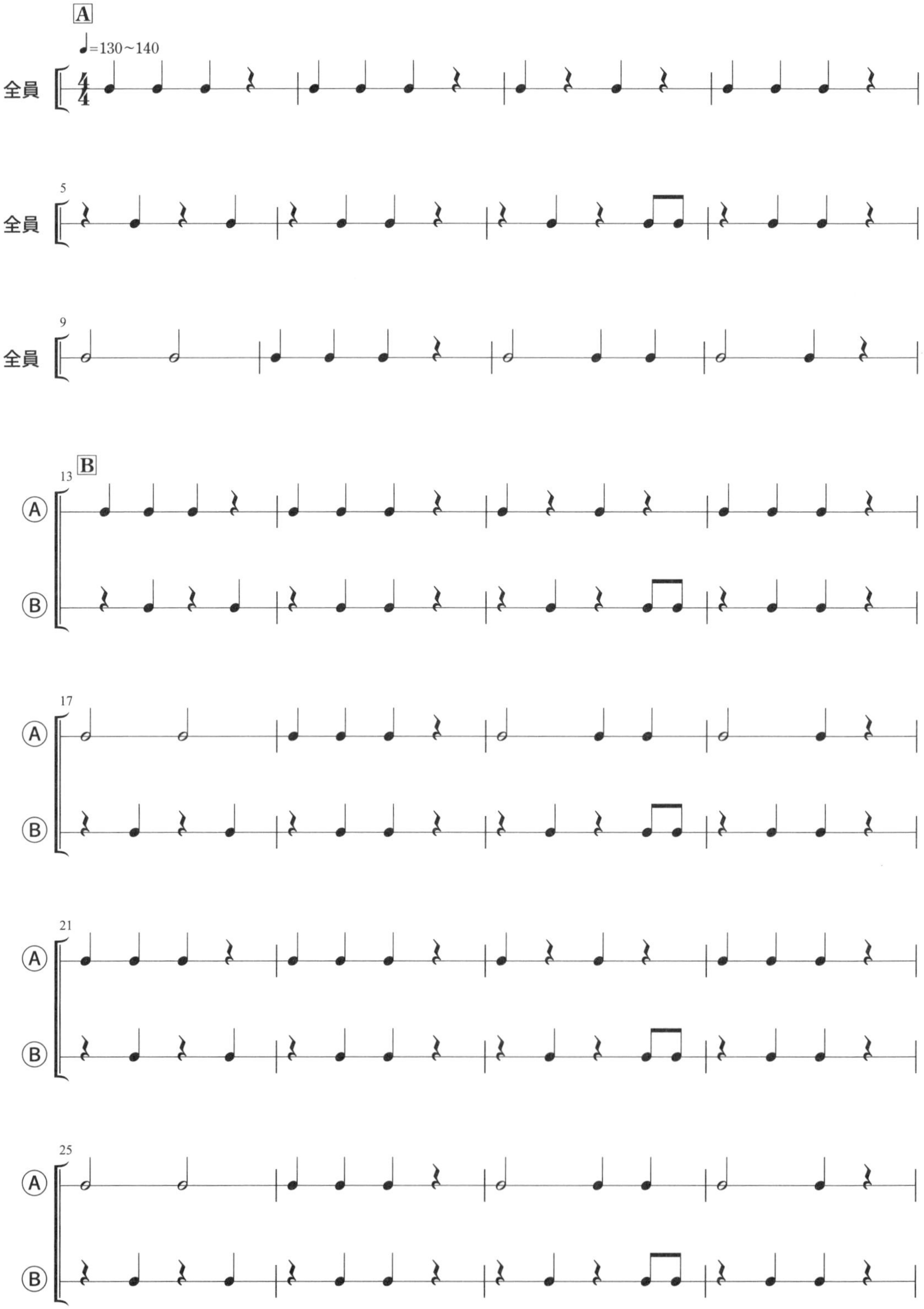

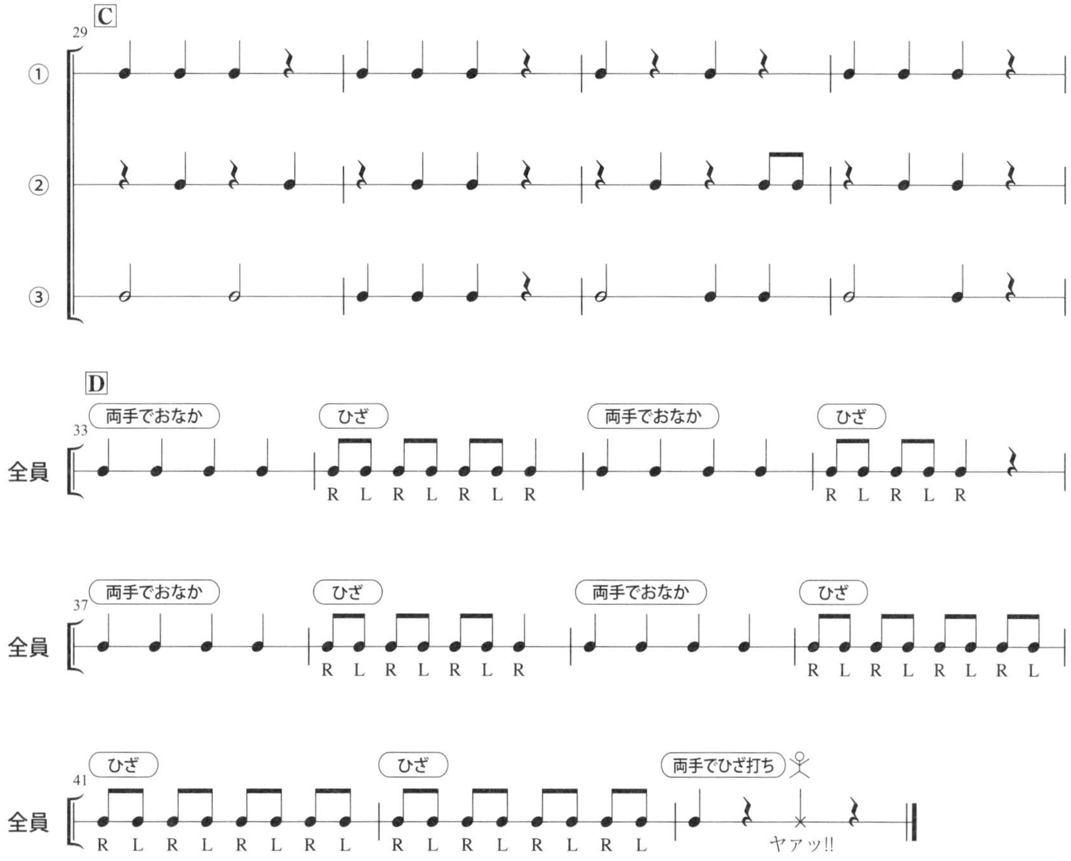
C
29
①
②
③
D
33
全員
両手でおなか
ひざ
R L R L R L R
両手でおなか
ひざ
R L R L R
37
全員
両手でおなか
ひざ
R L R L R L R
両手でおなか
ひざ
R L R L R L R L
41
全員
ひざ
R L R L R L R L
ひざ
R L R L R L R L
両手でひざ打ち
ヤアッ!!

エピソード1

ボディパーカッションの生みの親「山ちゃんの楽しいリズムスクール」

今から20年ほど前（1986年）の10月、小学校4年生を受け持っていた私は、「山ちゃんの楽しいリズムスクール」と題して、1回15分程度の時間で、手拍子を中心におなかやひざや机を叩いたりするリズムアンサンブルの自主教材を楽しんでいました。

それは、言葉で上手に表現することが苦手で、友達の輪の中になかなか入れない子どもや、乱暴な子ども、また自己表現が苦手な子どもが友達同士で一体感や仲間意識を育て、良好なコミュニケーションをとれたらと願って、「学級活動」「朝の会」「帰りの会」「ゆとりの時間」などで始めた学級レクリエーション的なものです。

きっかけは歌も楽器も苦手な子どもが、給食準備中に校内放送で流れる音楽、モーツアルトの《アイネ・クライネ・ナハトムジーク》に合わせて、楽しそうにひざを叩いていたのを見て、リズムであれば誰でも楽しめると直感したことです。

作曲家の武満徹氏が『音楽を呼びさますもの』（新潮社）の中で、アメリカの革新的手法の作曲家ジョン・ケージ氏の実験について次のようなことを述べています。彼はある時、実験的に作られた無響室に入る機会がありました。空気振動を人為的に94％まで不能にした部屋に入り、完全な静寂を求めたのですが、2つの音が聞こえたそうです。それは心臓の音と体内を流れる血液の音だったということです。

このことからも人間の根源的な音にリズム（心臓の鼓動）があるのが分かるのではないでしょうか。そして、私が考えたのも「音符が読めなくても、楽器が弾けなくても、歌が苦手でも体を使って音を楽しむことができる」体感的なリズム教材でした。

エピソード2

「ボディパーカッション」という名称の由来

同年（1986年）10月、福岡県久留米市立大橋小学校4年生の受け持ちの子ども達と「山ちゃんの楽しいリズムスクール」を行っていた時、ある子どもが「体全部が太鼓になるね」といった一言から、当初は「人間大鼓」という名称で呼んでいました。しかし子ども達にとってなんとなく日本語は呼びにくい感じがあり、当時私は地元の市民吹奏楽団に所属しパーカッションを担当していましたので、それをヒントに、同年11月に“体がすべて楽器”からイメージして「ボディパーカッション」と名付けたのが始まりです。

＊ボディ(body)…身体、パーカッション(percussion)…打楽器や太鼓の総称

あまりにも自然な言葉で昔からある言葉かなとも思っていましたが、ボディパーカッションと名付けた活動を始めて8年以上が経った1995年12月に、朝日新聞社の方が取材に来られ質問を受けました。「ボディパーカッションという言葉を世界中の言語検索データで調べましたが、山田先生が1993年に開催されたボディパーカッション・コンサートや、1995年のドイツの音楽学校のパーカッショングループと共演された記事以外は何も検索できませんでした。一体どんな内容の音楽なのですか」と。その時、改めて子ども達と一緒に命名した名称「ボディパーカッション」は私の造語なのだと確認しました。

その際、新聞社の方が日本語の場合、「ボディ」ではなく「ボディー」と表現しないと、入力エラーが出て困っていますと言われていたのが印象的でした。ちなみに私が「ボディ」表記にこだわったのは、単純に「ボディー」ではアクセントの位置が変わりネイティブの発音にならなかったからです。

Part 3

ボイス・アンサンブル

みんなで グー・チョキ・パー

クラスの行事や全校集会などで、1年生から6年生まで一緒にできるゲーム感覚のボイス・アンサンブルです。じゃんけんをすると子ども達は熱く盛り上がります。このじゃんけんで使う「グー、チョキ、パー」を使って、言葉のアンサンブルにしました。演奏というよりリズムに乗った「じゃんけんゲーム」と考えてください。

最後に教師や前に立っているリーダーとじゃんけんをしますので、勝った子が喜ぶようなアイデアを考えるとさらに楽しくなると思います。

「例」

・連続して4回勝った人は「じゃんけんの王様カード」をもらえる。

・全体が2グループに分かれて、リーダーを数人選び、対抗戦。等

演奏の仕方と留意点

全体を3パート（①グー・②チョキ・③パー）に分けてください。

1 最初に教師(リーダー）が右手を上げ、①パートに向かって「グー」を示しながら2小節のリズムパターンを範唱します。子ども達は復唱してこのリズムを覚えます。

2 ②パート「チョキ」、③パート「パー」も同様に行います。

3 各パートがそれぞれのリズムパターンを覚えたら、①、②、③パートの順に2回くり返します。ここまでが基本リズムの練習です。

4 次は、3パート一緒にⒸまで演奏し、全員でⒹ「最初はグー、じゃんけんポン」を加えて、教師とじゃんけんをするところまでです。

5 いよいよ演奏です。最後まで通してやってみましょう。①パートから始め、②パート、③パートが順に入ります。全員でⒹ「最初はグー、じゃんけんポン」の後に、誰か一人が「ワン、ツー、ワンツースリーフォー」とカウントを取ります。

2回目は、③パートから始め、②パート、①パートが順に入り、「最初はグー、じゃんけんポン」で終わります。

★『楽しいボディパーカッション②山ちゃんのリズムスクール』（p.50）のボイス・アンサンブル「グー・チョキ・パー」にもチャレンジしてみてください。

みんなでグー・チョキ・パー

山田俊之 作詞 作曲

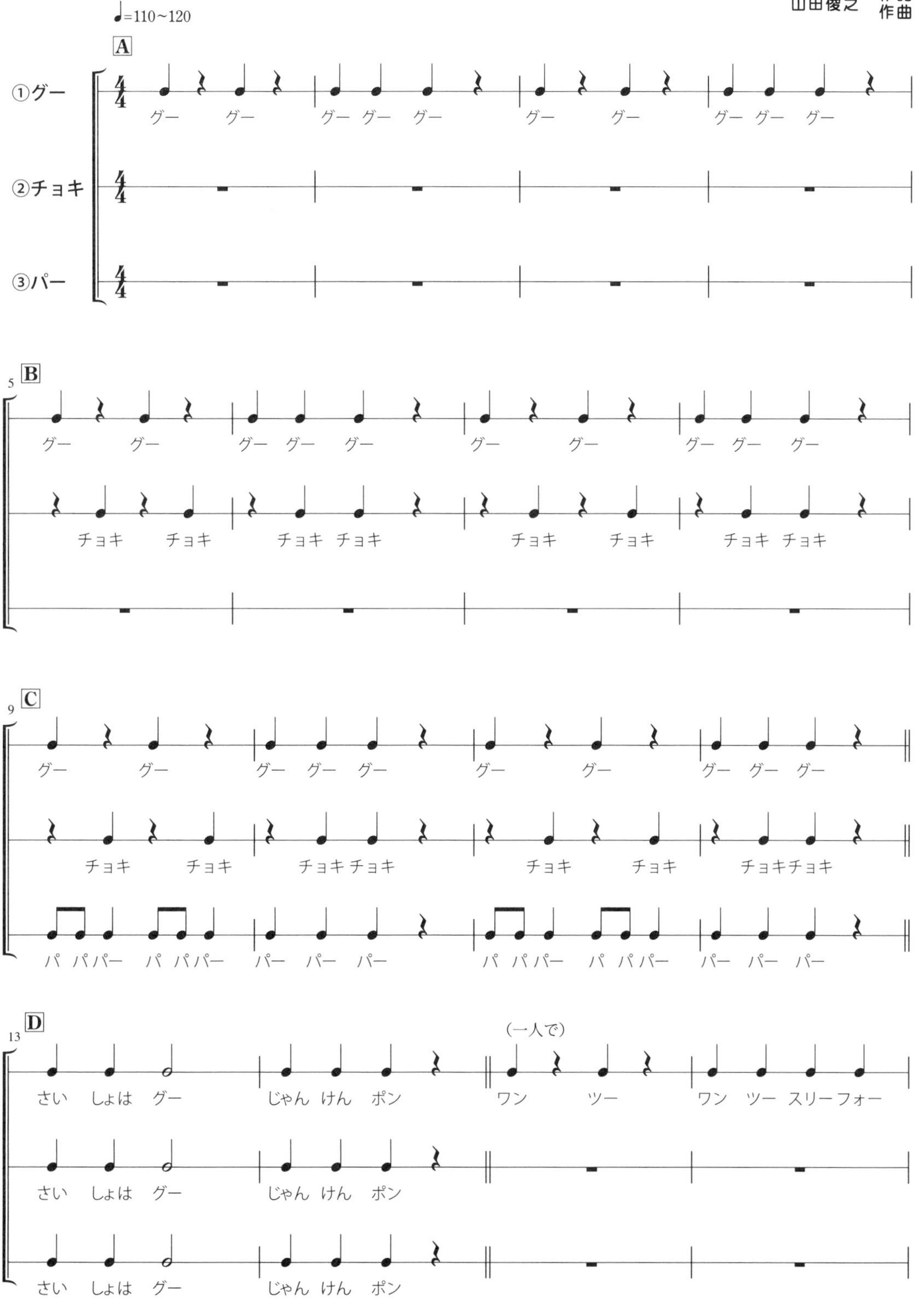

C'
17
パ パパー パ パパー パー パー パー パ パパー パ パパー パー パー パー
B'
21
チョキ チョキ チョキチョキ チョキ チョキ チョキチョキ
パ パパー パ パパー パー パー パー パ パパー パ パパー パー パー パー
A'
25
グー グー グー グー グー グー グー グー グー グー
チョキ チョキ チョキチョキ チョキ チョキ チョキチョキ
パ パパー パ パパー パー パー パー パ パパー パ パパー パー パー パー
29
さい しょは グー じゃん けん ポン
さい しょは グー じゃん けん ポン
さい しょは グー じゃん けん ポン

みんなでグー・チョキ・パー

発展形

山田俊之 作詞
作曲

B
17
グー グー グー グー チョキ チョキ パ パ パー グー グー グー グー チョキ チョキ パ パ パー
グー グー グー グー チョキ チョキ パ パ パー グー グー グー グー チョキ チョキ パ パ パー
グー グー グー グー チョキ チョキ パ パ パー グー グー グー グー チョキ チョキ パ パ パー
21
グー グー グー グー チョキ チョキ パ パ パー グー グー グー グー チョキ チョキ パ パ パー
グー グー グー グー チョキ チョキ パ パ パー グー グー グー グー チョキ チョキ パ パ パー
グー グー グー グー チョキ チョキ パ パ パー グー グー グー グー チョキ チョキ パ パ パー
C
25
パ パ パー パ パ パー パー パー パー パ パ パー パ パ パー パー パー パー
29
パ パ パー パ パ パー パー パー パー パ パ パー パ パ パー パー パー パー
チョキ チョキ チョキ チョキチョ チョキ チョキ チョキ チョキチョ

※リーダーを決めてジャンケンをする

ケチャ風お茶づけ

この曲は、だいぶ前になりますが６年生の音楽授業で行った「ケチャ」風の曲をアレンジしたものです。曲名も「ケチャ」だから「お茶」で行こうと単純に考えて作曲しました。最近この曲を指導しましたが、お茶づけみたいに、手軽に美味しく演奏できますので、どうぞお楽しみください。

演奏の仕方と留意点

全体を５パートに分けてください。①パートから始め、２小節ずつ遅れて②パート、③パート、④パート、⑤パートが入っていきます。各パートが重なっていくと、ケチャの雰囲気が出てきます。

1 各パートの、① グググー、②チャ(茶)、③シュシュシュシュ、④コリコリ、⑤パラパラは、強調して発声してください。

2 ②パートのお茶の（お）は、８分休符ですが、発音してください。

指導のポイント

・演奏の途中でリズムがずれても、あまり気にしないでください。少しのずれは装飾音符としてとらえ、ケチャの場合は、なかなかの味がで出ます。

・「ググ・グー」、「(お) チャ (お) チャ」、「シュシュシュシュ」「コリコリ」などのカタカナで表記している部分は、発音する時にできるだけ破裂音のように歯切れよくなるように指導してください。

・この曲は、同じ言葉をくり返すことが多いので何回演奏しているのか分からなくなる場合があります。その時は、指導者が子ども達にみえるように、指やカードで何回目か分かるように表示してあげてください。

ケチャ風お茶づけ

山田俊之 作詞 作曲

13
おな かが グ グ グー おな かが グ グ グー おな かが グ グ グー おな かが グ グ グー
(お) チャ (お) チャ (お) チャ づ け (お) チャ (お) チャ (お) チャ づ け (お) チャ (お) チャ (お) チャ づ け (お) チャ (お) チャ (お) チャ づ け
シュシュシュシュ ふ り か け シュシュシュシュ ふ り か け シュシュシュシュ ふ り か け シュシュシュシュ ふ り か け
つ け も の コリコリ つ け も の コリコリ つ け も の コリコリ つ け も の コリコリ
パラパラパラパラ の り パラパラパラパラ の り パラパラパラパラ の り パラパラパラパラ の り
C
17
おな かが グ グ グー おな かが グ グ グー (お) チャ (お) チャ (お) チャ づ け (お) チャ (お) チャ (お) チャ づ け
f
おな かが グ グ グー おな かが グ グ グー (お) チャ (お) チャ (お) チャ づ け (お) チャ (お) チャ (お) チャ づ け
f
おな かが グ グ グー おな かが グ グ グー (お) チャ (お) チャ (お) チャ づ け (お) チャ (お) チャ (お) チャ づ け
f
おな かが グ グ グー おな かが グ グ グー (お) チャ (お) チャ (お) チャ づ け (お) チャ (お) チャ (お) チャ づ け
f
おな かが グ グ グー おな かが グ グ グー (お) チャ (お) チャ (お) チャ づ け (お) チャ (お) チャ (お) チャ づ け
f
21
おな かが グ グ グー おな かが グ グ グー (お) チャ (お) チャ (お) チャ づ け (お) チャ (お) チャ (お) チャ づ け
おな かが グ グ グー おな かが グ グ グー (お) チャ (お) チャ (お) チャ づ け (お) チャ (お) チャ (お) チャ づ け
おな かが グ グ グー おな かが グ グ グー (お) チャ (お) チャ (お) チャ づ け (お) チャ (お) チャ (お) チャ づ け
おな かが グ グ グー おな かが グ グ グー (お) チャ (お) チャ (お) チャ づ け (お) チャ (お) チャ (お) チャ づ け
おな かが グ グ グー おな かが グ グ グー (お) チャ (お) チャ (お) チャ づ け (お) チャ (お) チャ (お) チャ づ け

D（Aと同じ）
25
おな かが グ グ グー おな かが グ グ グー おな かが グ グ グー おな かが グ グ グー
(お) チャ (お) チャ (お) チャ づ け (お) チャ (お) チャ (お) チャ づ け (お) チャ (お) チャ (お) チャ づ け (お) チャ (お) チャ (お) チャ づ け
シュシュシュシュ ふ り か け シュシュシュシュ ふ り か け シュシュシュシュ ふ り か け シュシュシュシュ ふ り か け
つ け も の コリコリ つ け も の コリコリ つ け も の コリコリ つ け も の コリコリ
パラパラパラパラ の り パラパラパラパラ の り パラパラパラパラ の り パラパラパラパラ の り
29
おな かが グ グ グー おな かが グ グ グー おな かが グ グ グー おな かが グ グ グー
(お) チャ (お) チャ (お) チャ づ け (お) チャ (お) チャ (お) チャ づ け (お) チャ (お) チャ (お) チャ づ け (お) チャ (お) チャ (お) チャ づ け
シュシュシュシュ ふ り か け シュシュシュシュ ふ り か け シュシュシュシュ ふ り か け シュシュシュシュ ふ り か け
つ け も の コリコリ つ け も の コリコリ つ け も の コリコリ つ け も の コリコリ
パラパラパラパラ の り パラパラパラパラ の り パラパラパラパラ の り パラパラパラパラ の り
E
33
シュ シュ シュ シュ グ グ グー (お) チャ (お) チャ コ リ コ リ パ ラ パ ラ
シュ シュ シュ シュ グ グ グー (お) チャ (お) チャ コ リ コ リ パ ラ パ ラ
シュ シュ シュ シュ グ グ グー (お) チャ (お) チャ コ リ コ リ パ ラ パ ラ
シュ シュ シュ シュ グ グ グー (お) チャ (お) チャ コ リ コ リ パ ラ パ ラ
シュ シュ シュ シュ グ グ グー (お) チャ (お) チャ コ リ コ リ パ ラ パ ラ

がんばれチャチャチャ

この曲は、日本がサッカーでワールドカップ出場を決めたのをきっかけに作りました。行事や運動会など、様々な時に使える応援歌です。小学校1年生からすぐにできます。必要な楽器は、「かけ声」、「手拍子」と「元気いっぱいの気持ち」です。

演奏の仕方と留意点

全体を3パートに分けてください（最少人数は3人からできます）。

1 （赤組）のところの歌詞は、次のような例を参考にあてはめて、行事等に合わせて入れてください。
「例」
ワールドカップの時：ニッポン、運動会の時：赤組、白組など。
クラス対抗の時：1組、2組など。
グループ対抗の時：グループ名。

2 「がんばれ」は、「がん」「ばれ」と1拍ずつ切って指導してください。

3 「ゴールだ」は、「ゴー」「ルだ」（タン・タタ）とリズムを分けて指導してください。

4 楽譜4段目の（手）のところは、「ヤー」と言いながら、拍手をするような感じで手拍子を打たせてください。

5 手拍子（拍手）を1小節打ち終わったら、「オー!」のかけ声が全員揃うように指導してください。
最後の「オー!」が合うことで、子ども達は一体感や達成感を味わうことができます。うまくできない子ども達にも優しい配慮をお願いします。

指導のポイント

・楽譜の3段目はいわゆる「三三七拍子」です。速くなり過ぎないように、威勢よく手拍子を打ちましょう。
・「ニッポン」、「がんばれ」、「ゴールだ」などは、言葉をはっきり言いましょう。
・テンポは歩くような速さで、急ぎ過ぎないように演奏しましょう。

がんばれチャチャチャ

山田俊之 作詞
作曲

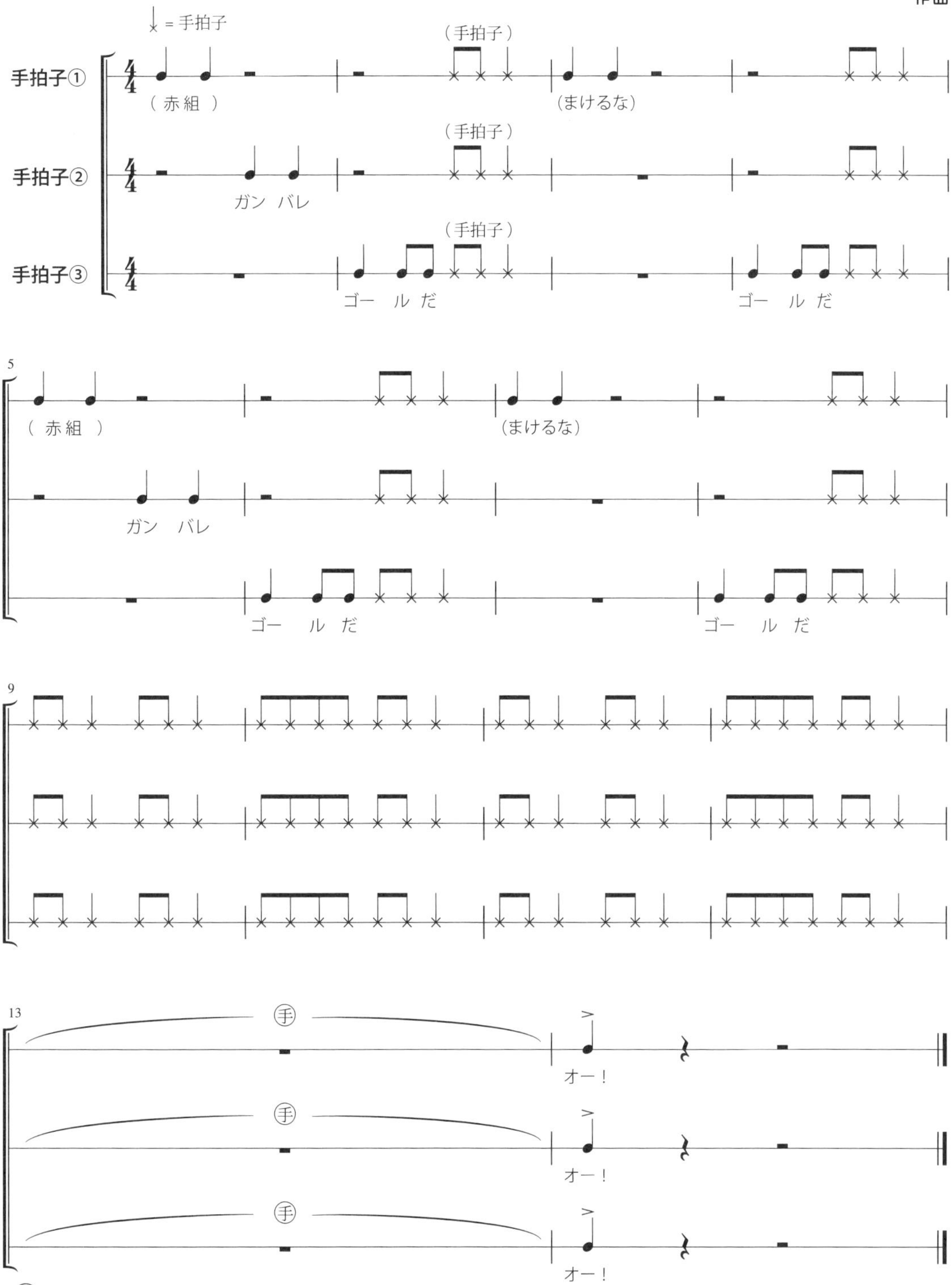

手のところは、「ヤ〜〜〜」と言いながら、拍手のように手拍子を打つ。

祭りだ!ワッショイ

この曲のリズムのベースは阿波踊りのように跳ねる「タッカ」のリズムです。最初は全員一緒に同じリズムを演奏しますが、段階的にパートが分かれて変化しますので、楽しいですよ。演奏は意外と簡単ですので、気軽にチャレンジしてください。さあ、ノリノリで演奏しましょう。

演奏の仕方と留意点

全体を３パートに分けてください。

1 [A] は、３パート同時に基本リズム「タッカ」を演奏します。

2 [B] は、①、③パートが基本リズム、②パートが手拍子です。

3 [C] は、①パートが基本リズム、②、③パートが手拍子です。

4 [D] は、①、②、③パートに分かれて各パートが手拍子です。

5 [E] は、３パート同時に手拍子とひざ打ちのボディパーカッションをします。

6 [F] から３小節は、基本リズム「タッカ」を打ちながら、「ソレ・ソレ・ソレ・ソレ」とかけ声をかけてください。

7 最後の１小節の１拍目は足踏み、３拍目は元気なかけ声「ヤッ‼」を入れてください。

指導のポイント

・演奏の途中で、手拍子のリズムがずれてもあまり気にしないでください。少しのずれは装飾音符としてとらえてください。

・最後の１小節の足踏みとかけ声は、しっかり合うように練習してください。

祭りだ！ワッショイ

山田俊之 作詞
作曲

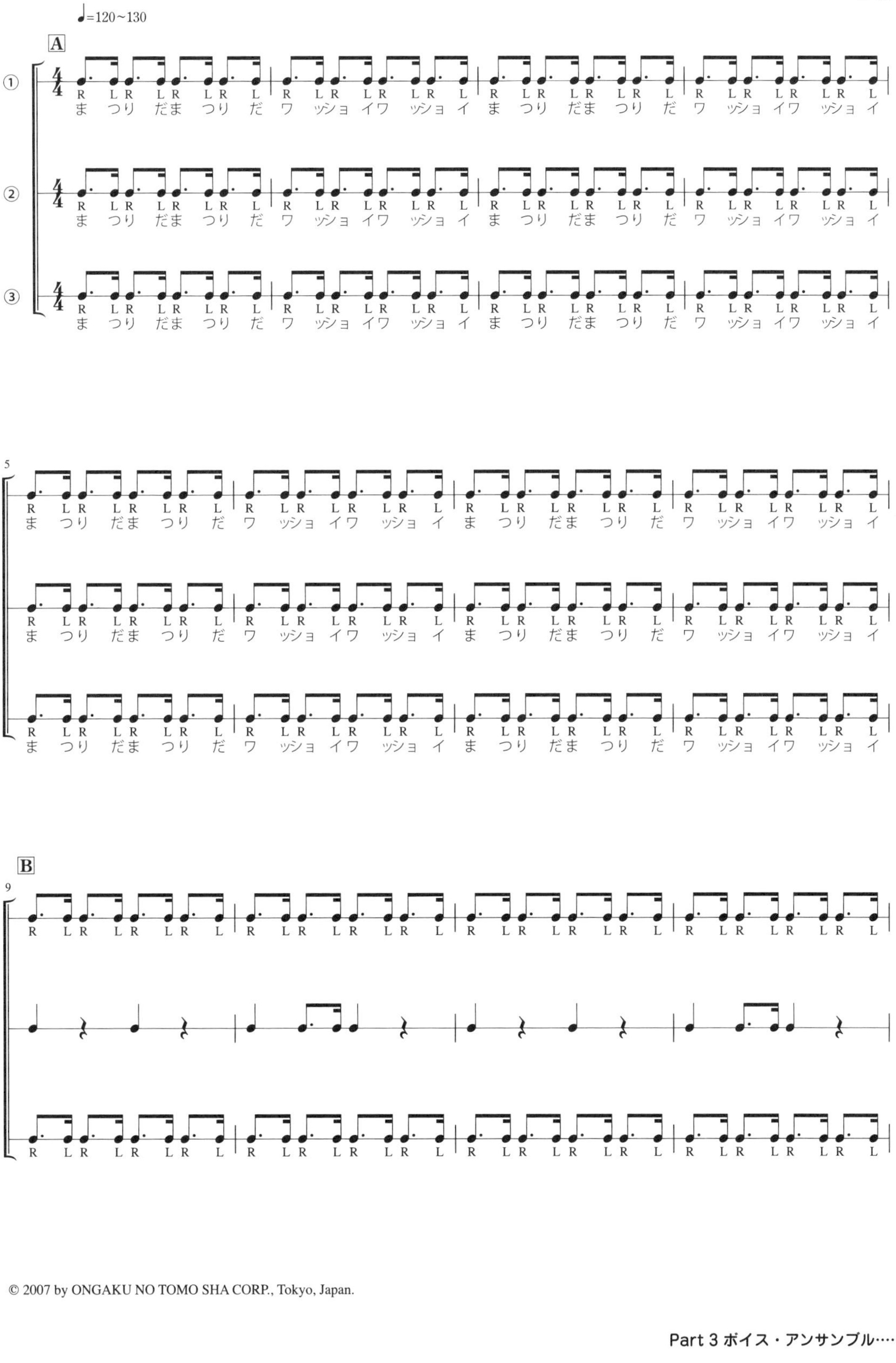

13
R L R L R L R L R L R L R L R L R L R L R L R L R L R L R L R L
手拍子
R L R L R L R L R L R L R L R L R L R L R L R L R L R L R L R L
C
17
R L R L R L R L R L R L R L R L R L R L R L R L R L R L R L R L
手
21
R L R L R L R L R L R L R L R L R L R L R L R L R L R L R L R L
D
手
25

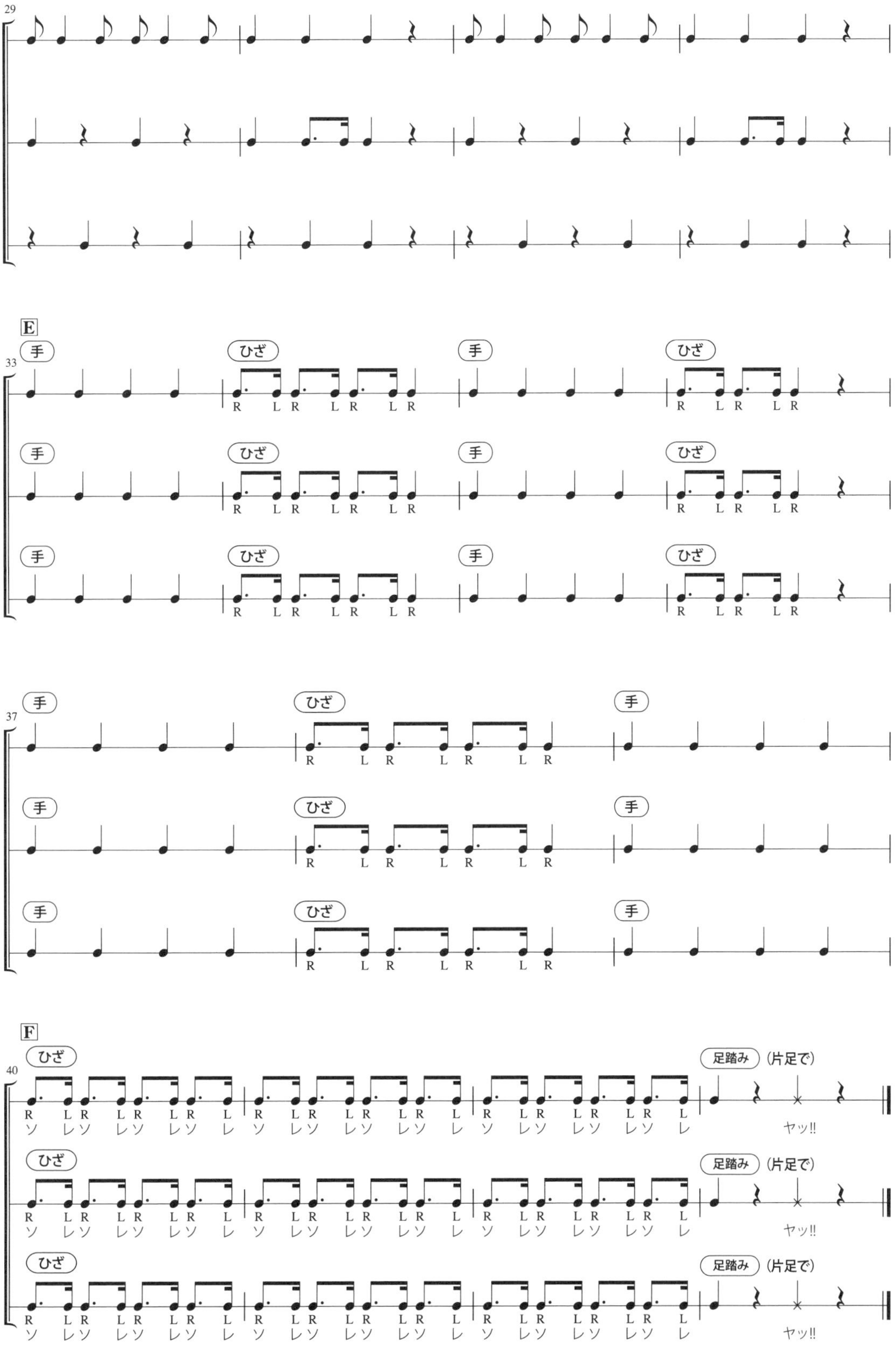
29
E
33
手
ひざ
R L R L R L R
37
F
40
R L R L R L R L
ソ レ ソ レ ソ レ ソ レ
足踏み
(片足で)
ヤッ!!

エピソード3
聴覚障害とボディパーカッション

この20年間で、ボディパーカッション教材は子ども達と共に実践を重ね進化発展してきました。本書に掲載した、歌や楽器に合わせたボディパーカッション、ボイス（言葉の）・アンサンブル、手拍子／足踏み・アンサンブル、ボディパーカッション・アンサンブルなどの様々な教材ができました。それは、小学校で18年間、養護学校で7年間、聾学校で10年間（出張指導）、不登校施設などそれぞれの実践現場で、実情に合わせて、ボディパーカッション活動を行ってきた証です。

とくに、「音から一番遠い存在」である聴覚障害の子ども達に、ボディパーカッションを通して音楽を体感してもらったことは、大きな喜びと誇りにつながりました。聴覚障害の子ども達は「音楽が嫌い」といわれる中で、子ども達が「ボディパーカッションは大好きな音楽」と言ってくれたことが今でも心に残っています。

ボディパーカッションはどんな人でも音楽を楽しめるという理念のもとに、大きな力と誇りを与えてくれました。（詳しくは、拙著『ボディパーカッション入門』参照）

エピソード4
小・中学生の驚くべき実態

文部科学省による2002年発表の「児童生徒の心の健康と生活習慣に関する調査」では、「急におこったり、泣いたり、うれしくなったりする」という自己評価の設問に対し、小学生の約60％が、「よくあてはまる」ないしは「ややあてはまる」と答えています。また、「わたしはいらいらしている」という設問では、小学生の30％、中・高生の40％が「よくあてはまる」ないしは「ややあてはまる」と回答しています。

子ども達がコミュニケーション能力不足から、ささいなことですぐに腹を立て、あとの結果も考えずに場当たり的な暴力を振るう昨今、青少年が起こす不可解な事件にも関連して、子ども達のキレる心の原因を探ろうとする調査が行われるようになってきました。

子ども達が他者や環境とのかかわりの中で、社会の一員として自覚を深め、豊かな人間形成をはぐくむために、コミュニケーション能力の育成を目指した教育は日本の大きな教育課題になっていると感じています。ボディパーカッション教材がその解決の一歩になるよう願っています。

Part 4

ボディパーカッション・アンサンブル

この曲を初めて子ども達と一緒に行った時に、曲の途中で、子ども達がおなかを叩きながら「体が太鼓になるね」と言ったことがヒントになり、「ボディパーカッション」という名称が誕生しました。楽譜をごらんになった方はもうおわかりかと思いますが、この曲が《手拍子の花束》（拙著『ボディパーカッション入門』に掲載）に発展しました。大変単純な曲ですが、私にとっては大変思い出深いボディパーカッション誕生の曲です。

小学校低学年から簡単にできます。また、全校集会でも取り組めますのでどうぞお試しください。

演奏の仕方と留意点

全体を２パートに分けてください。

1 ①パートから始まり、２小節遅れて②パートが入ります。

2 エンディングは元気いっぱいに「YA!!」と大きな声で手を上げてポーズを決めてください。

指導のポイント

・簡単にリズム打ちができますので、テンポが早くなってしまうことが多いようです。最初の練習段階では無理にテンポキープを要求しないでください。

・演奏の途中で、手拍子のリズムがずれてもあまり気にしないでください。少しのずれは装飾音符としてとらえてください。

手拍子カノン

この曲は全員で同じリズムを合わせたり、カノン形式で演奏したりするところが楽しいアンサンブルになっています。エンディングだけ簡単な足踏みが入りますが、基本は、4小節のリズムパターンを1つ覚えて演奏するだけですから、低学年から高学年まで楽しめると思います。

演奏の仕方と留意点

全体を3パートに分けてください。

1 [A] は、3パート同時に同じ4小節のリズムパターンを2回くり返します。

2 [B] は、①パートから始まり、1小節ずつ遅れて②パート、③パートと順に入っていきます。各パートが3回くり返します。終わり2小節のエンディングには足踏みが入りますので気をつけてください。

3 [A'] （コーダ）は、3パート同時にリズムを演奏します。

指導のポイント

・演奏の途中で、手拍子のリズムがずれてもあまり気にしないでください。少しのずれは、装飾音符としてとらえてください。

・エンディングの最後の小節の4拍目はジャンプして着地したタイミングになりますので、このポイントをしっかり合わせてください。

4小節のリズムパターン

Let'sボディパーカッション

山田俊之　作曲

D
21
手
25
29
33
37
両手でおなか
ひざ
R L R L R L R
R L R L R L R
(かけ声)
YA!!
両手でおなか
ひざ
R L R L R L R
R L R L R L R
(かけ声)
YA!!

手拍子カノン

山田俊之　作曲

ひざ打ち おなか ……両手で叩く

13
手拍子
手拍子
手拍子
手拍子
手拍子
ひざ打ち
おなか
手拍子
手拍子
手拍子
手拍子
手拍子
手拍子
手拍子
手拍子
手拍子
手拍子
ひざ打ち
おなか
17
手拍子
手拍子
手拍子
手拍子
手拍子
ひざ打ち
おなか
手拍子
手拍子
手拍子
手拍子
手拍子
手拍子
手拍子
手拍子
手拍子
手拍子
ひざ打ち
おなか
A'（コーダ）
21
手拍子
手拍子
手拍子
手拍子
手拍子
手拍子
手拍子
手拍子
手拍子
手拍子
ひざ打ち
おなか
25
手拍子
手拍子
ひざ打ち
おなか
足踏み
R L R L R L R L
手拍子
両足ジャンプ
手拍子
手拍子
ひざ打ち
おなか
足踏み
R L R L R L R L
手拍子
両足ジャンプ
手拍子
手拍子
ひざ打ち
おなか
足踏み
R L R L R L R L
手拍子
両足ジャンプ

モグラ・ストンプ

「モグラ」という名はどこかで聞き覚えがあるのではないでしょうか？ そうです！ この曲は、みなさんもよくご存知のゲームコーナーなどに置いてある「モグラたたき」ゲームからイメージして作曲しました。

このゲームは、モグラがいろいろなところから頭を出してきます。そして、そのモグラの頭を備え付けのとんかちでトントンと叩いて点数を増やすゲームです。そのモグラが頭を出す様子が大変ユーモラスでかわいらしいと思いましたので、その楽しく飛び上がる様子をボディパーカッションに表現してみました。手拍子やジャンプなど、低学年から楽しく取り組むことができると思います。

20人以上で行う場合は、その様子が大変リズミカルで、モグラが大きく飛び出すように見え、迫力のある曲になります。

演奏の仕方と留意点

全体を3パートに分けてください(最少人数は3人からできます)。

1 Ⓙのマークは、両足でまっすぐ上にジャンプさせてください。
ジャンプをする時にはなるべく高く飛び上がるように指導してください。そのほうが見栄えがよくなります。

2 ②パート2小節目の「足踏み」は、両足でジャンプをして、片足ずつ床に下ろしてリズムを刻むように指導してください。
うまく飛べない子どもや、リズムが揃わない場合も、そのずれが「心地よいゆらぎ」ととらえて指導してください。

3 各パートの演奏が確実にできるようになったら、発展形のように、ランダムに配置すれば本当の「モグラたたき」ゲームのようになります。(演奏の配置→ p.62)

指導のポイント

必ず上靴を履いて演奏するようにしてください。特に、床下がコンクリートのなどの硬いところにフローリング材を貼ってある場合は、かなり足全体への反発が強くなりますので、子ども達のかかとやひざを痛めないように注意してください(通常の学校使用の上靴は靴底が薄いので、練習時間などの配慮をお願いします)。

モグラ・ストンプ

山田俊之　作曲

※Ⓙは、両足でジャンプ。

RF LF
RF LF
手拍子
J J J
C
ひざ打ち
ひざ打ち
J J J J
R L R L R L R
J J J J
R L R L R
D
手拍子
J J J
E
手拍子
足踏み
RF LF
RF LF

F
手拍子
J J
RF LF
RF LF
手拍子
J J
RF LF
RF LF
G
ひざ打ち
手拍子
J J J J
R L R L R L R
J J J J

演奏の配置（基本形）

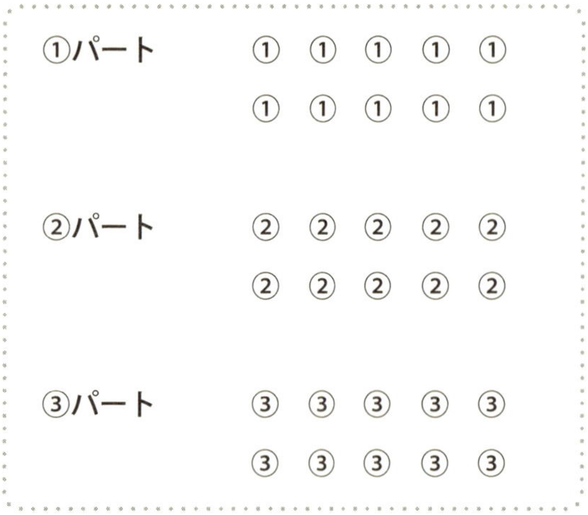
①パート ① ① ① ① ①
① ① ① ① ①
②パート ② ② ② ② ②
② ② ② ② ②
③パート ③ ③ ③ ③ ③
③ ③ ③ ③ ③

演奏の配置（発展形の例）

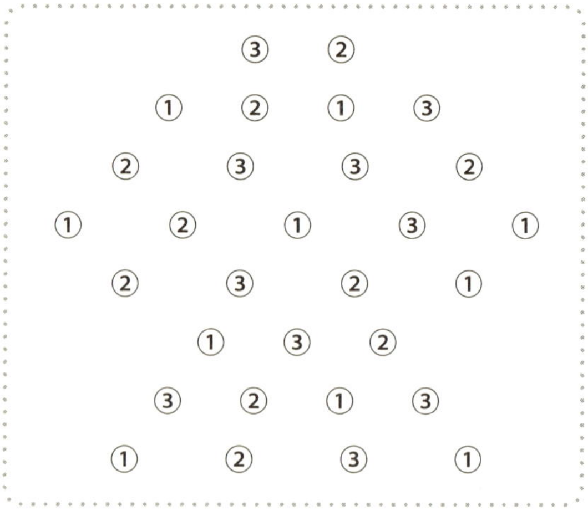
③ ②
① ② ① ③
② ③ ③ ②
① ② ① ③ ①
② ③ ② ①
① ③ ②
③ ② ① ③
① ② ③ ①

ジャンプする

10cmくらい

おわりに

ボディパーカッションは、子ども達が生き生きと活動ができる学級作りの一環として行うことから始まりました。
今まで乱暴だったりして敬遠されていた子ども達や、クラスで目立たずなかなか認められなかった子どもが、ボディパーカッション活動を積極的に行った結果、体を使った非言語コミュニケーション能力を大いに発揮し、その後の自己表現能力、コミュニケーション能力、リーダーシップ能力まで身に付いた例が、長年の実践から多数見られました。

小学校３年生の時は名前を呼ばれただけで顔を真っ赤にしてうつむいたままだった男子や、目に涙をためて立ちすくんでいた女子が、ボディパーカッションサークルに入って活発に自己表現能力を養い、中学校でクラブ活動のキャプテンや、生徒会長になって活躍し人前で堂々と発言や自己表現ができるようにまで成長した例も見てきたのです。

研究会や研修会などでお会いした小学校の先生方から「クラスの中で、ボディパーカッション活動を取り入れると、子どもたちが秘めた力を発揮することがありますね」と言われることがよくあります。このことは、ボディパーカッション活動において、大変重要な意味を持っていると思います

この教材集を手にしていただいた先生方は、ぜひ、今までクラスでなかなか認めてもらえなかった子ども達や、またおとなしくて目立たなかった子ども達が、相手に認められる喜びを感じられる、その手段としてボディパーカッションを活用していただきたいと願ってやみません。

最後に、本書の出版に当たって、『教育音楽　小学版』連載では叱咤激励をいただきながら執筆した拙稿を掲載していただいた岸田雅子編集長はじめ、細部にわたり原稿に目を配って編集を担当していただいた出版部の岡部悦子さんほか、音楽之友社のスタッフの皆様方に心から御礼を申し上げます。ありがとうございました。

2007 年 7 月　山田俊之

著 者 紹 介

山田俊之（やまだ・としゆき）

九州女子短期大学特任教授、九州大学教育学部非常勤講師、NPO 法人ボディパーカッション協会理事長、元公立小学校、特別支援学校勤務（教諭、管理職）。
1986 年小学校 4 年生担任の時、学級活動で手拍子、ひざ打ち、おなかを叩くなどの身体活動を、コミュニケーション能力を高める表現教材として開発・考案し「ボディパーカッション」と子ども達と一緒に名付け教育活動を展開する。
その後、全国の小学校、特別支援学校、不登校施設、幼児教育で 25 年以上活動を行い、その指導法講座を受講した全国の教育、福祉、音楽教育関係者が 3 万人を超える。
平成 21 年第 44 回 NHK 障害福祉賞最優秀賞、平成 23 年度読売教育賞最優秀賞。
作曲したボディパーカッション教材「花火」が平成 17 年度小学校 3 年生音楽科教科書（教育出版）に、「手拍子の花束」が平成 24 年度特別支援教育用音楽科教科書（文部科学省編集）に採用される。

【主な著書】
『ボディパーカッション入門』『楽しいボディパーカッション①リズムで遊ぼう』『同②リズムスクール』『同③リズムで発表会』『特別支援教育用教材：楽しいボディパーカッション』『すべての人におくるボディパーカッション BEST』（以上、音楽之友社）ほか多数。

【社会教育活動】
2011 年より、九州大学芸術工学部との共同プロジェクトで『聴覚障害者のためのボディパーカッション教則 DVD』を作成し、全国の聴覚特別支援学校、関連施設へ無料配布や普及活動を行っている。
2014 年より、文部科学省（教科調査官）、JHP（学校を作る会）、カンボジア教育省の共同プロジェクトに参加し、カンボジア教育支援を行う。

【問合せ】edubody1986@gmail.com

体《からだ》がすべて楽器《がっき》です！
ザ・ボディパーカッション　ケチャ風《ふう》お茶《ちゃ》づけ

2007 年　8 月 30 日　第 1 刷発行
2024 年　5 月 31 日　第14刷発行

著　者　山田《やまだ》俊之《としゆき》
発行者　時枝　正
発行所　東京都新宿区神楽坂 6 - 30
株式会社　音楽之友社
郵便番号 162-8716
電話 03(3235)2111(代表)
振替 00170-4-196250
装丁・本文デザイン　廣田清子
イラスト　柳沢昭子
組版　スタイルノート
印刷　星野精版印刷
製本　ブロケード

Printed in Japan
ISBN978-4-276-31576-1 C1073